CLARISSE BADER

# LES PRINCES D'ORLÉANS

## A LA TRAPPE

### EN 1788

*Journal de voyage du duc de Montpensier*

(Inédit)

IMPRIMERIE DE N.-D. DE MONTLIGEON

LA CHAPELLE-MONTLIGEON (ORNE)

1895.

# LES PRINCES D'ORLÉANS A LA TRAPPE

## EN 1788

JOURNAL DE VOYAGE DU DUC DE MONTPENSIER *(Inédit.)*

I

A l'occasion des fêtes qui viennent d'être célébrées à la Trappe, on a rappelé qu'en 1847 le roi Louis-Philippe, la reine Marie-Amélie, le duc et la duchesse de Nemours, le duc de Montpensier, le prince de Würtemberg, avaient visité le célèbre monastère qui depuis ne devait plus recevoir d'hôtes royaux.

Ce n'était pas la première fois que Louis-Philippe allait à la Trappe. Son aïeul maternel y avait un logis que désignent encore aujourd'hui les armes de Penthièvre. Plus d'une fois, disait le Roi, il y avait été conduit par son grand-père.

Le pieux et charitable duc de Penthièvre allait goûter dans l'austère solitude les joies d'une plus étroite union avec Dieu. D'autres princes, le duc d'Orléans, frère de Louis XIV, le roi d'Angleterre Jacques II, le comte d'Artois, le futur roi Charles X, alors dans sa frivole jeunesse, cherchèrent à la Trappe soit le saisissant contraste des plus rudes pénitences avec les voluptés des cours, soit les leçons de la vie éternelle dans les douleurs de l'exil.

Parmi les visiteurs se confondaient avec les saints qui fuyaient le monde les pénitents qui l'avaient trop aimé, les désabusés qu'il avait meurtris — comme le maréchal de Belle-fonds — et qui, avant de reprendre leur place au combat de la vie, venaient se retremper dans la prière et la mortification. Là s'enfermaient pour des retraites de quelques jours l'illustre évêque qui prêchait aux rois le néant des vanités humaines, et l'auteur des *Mémoires* où les grands de la terre paraissent souvent si petits : Bossuet et le duc de Saint-Simon étaient les amis de l'austère religieux qui, après avoir vainement cherché le bonheur dans l'âpre poursuite des ambitions mondaines, l'avait trouvé dans le renoncement de la pénitence et était devenu l'austère réformateur de la Trappe. J'ai nommé l'abbé de Rancé.

## II

### LE DUC DE MONTPENSIER. — MADAME DE GENLIS.

Au mois de juin 1788, alors qu'il se nommait le duc de Chartres, Louis-Philippe avait fait le voyage de la Trappe, non avec le duc de Penthièvre, mais sous la garde de Mᵐᵉ de Genlis, gouvernante des jeunes princes d'Orléans. Cette fois déjà, un duc de Montpensier l'accompagnait : c'était son frère cadet. Le comte de Beaujolais, son plus jeune frère, Mᵐᵉ Adélaïde, sa sœur, étaient du voyage.

Mᵐᵉ de Genlis portait alors le titre de marquise de Sillery. Mais nous lui donnerons le nom sous lequel elle est connue.

Sans avoir à nous prononcer ici sur le caractère de Mᵐᵉ de Genlis — très diversement jugé d'ailleurs, et où il est assez difficile de distinguer du naturel le convenu — nous devons rappeler qu'elle fut une admirable éducatrice. Son enseignement s'appuyait, chose rare en ce siècle, surtout au Palais-Royal, sur la morale chrétienne, et elle avait pour but d'élever, dans les princes, des hommes de foi, d'honneur et d'action. Ses principes spiritualistes étaient ainsi la sauvegarde de ce que sa méthode, l'enseignement par les yeux, par la pratique, aurait pu avoir de trop matériel. Il ne manquait à cette méthode qu'une plus haute culture des lettres classiques. Mais nous n'avons pas à nous arrêter ici à cette question.

Mᵐᵉ de Genlis jugeait que les voyages étaient un puissant

moyen d'éducation, et certes elle ne se trompait point. Mais, pour que les voyages pussent réellement avoir une valeur éducatrice, ils devaient être faits avec intelligence. La gouvernante emmenait donc dans ses excursions avec ses élèves un artiste et un botaniste distingués, tous deux attachés à l'éducation des princes. L'artiste — c'était un peintre d'origine polonaise, M. Myris — devait former le goût des princes au milieu des musées et devant les monuments. Le botaniste, chimiste aussi, M. Alyon, leur faisait cueillir des plantes, leur apprenait à en distinguer les espèces. Quant aux souvenirs historiques, c'était Mᵐᵉ de Genlis qui se réservait de les rappeler aux jeunes princes.

Pour que les leçons du voyage portassent des fruits, elle faisait écrire à ses élèves le journal de la route. C'est ainsi qu'a été composé par l'un des jeunes princes le *Journal de mon voyage de la Trappe*, journal que j'ai découvert dans les papiers laissés par le savant éditeur des *Mémoires historiques sur le dix-huitième siècle*, M. Barrière.

Ce journal n'était pas signé. Je crus tout d'abord pouvoir l'attribuer au duc de Chartres. Je le soumis à Mᵍʳ le comte d'Eu, qui le communiqua à son auguste père. Mᵍʳ le duc de Nemours jugea que cet écrit devait être attribué plutôt au duc de Montpensier. Sans doute Louis-Philippe, alors âgé de quinze ans, avait à cette époque un style moins pur que celui de son père, mais il avait l'esprit plus formé que le duc de Montpensier, qui n'avait que treize ans, et plus d'un trait encore enfantin décelait l'âge du cadet.

Toutes mes recherches ont confirmé depuis l'opinion de Mᵍʳ le duc de Nemours. Les *Mémoires* de Mᵐᵉ de Genlis, le *Journal d'une gouvernante à ses élèves*, ont fait apparaître à mes yeux le jeune prince tel qu'il se montre dans son journal.

A propos des compositions qu'elle faisait faire chaque semaine à ses élèves, Mᵐᵉ de Genlis nous dit : « M. le duc de Montpensier surpassoit tous les autres dans ce genre d'étude : il avoit dans le style une élégance naturelle que je n'ai jamais vue à aucun autre enfant ; mais les compositions du prince, son frère aîné, annonçoient déjà cet esprit d'ordre, cette raison et cette droiture de sentimens qui forment le fond de son caractère (1). »

Cette élégance à laquelle le duc de Montpensier devait de remporter le prix de composition sur le duc de Chartres, qui avait « moins de goût, moins de choix d'expression (2) » ; cette élégance se répandait sur toute sa personne, sur ses manières d'un charme séduisant et discret, sur sa physionomie noble et rêveuse à laquelle M^me de Genlis trouvait quelque chose de romanesque. Il avait plus que le culte de l'art : il avait le goût du beau, l'horreur du vulgaire ; à la délicatesse, à la finesse de l'esprit, il unissait sous un extérieur contenu, réservé, un cœur généreux et chaud que l'enthousiasme faisait battre au spectacle de la grandeur morale.

Il avait les défauts de ses qualités. Son aversion pour ce qui était ridicule ne stimulait que trop son penchant à la raillerie. Sa chaleur d'âme, qui se traduisait par de nobles et charitables actions, dégénérait parfois en impérieuses colères, et le rendait impatient du frein quand ses maîtres le lui présentaient. Mais il acceptait tout de sa gouvernante, de celle qu'il nommait « mon amie ». Auprès d'elle, le petit lion était tendre et soumis. Il avait besoin d'être aimé, et sans doute le cœur féminin, avec sa vocation maternelle, répondait pour lui à ce besoin. Puis, avec sa nature chevaleresque, le jeune prince devait se sentir désarmé devant la faiblesse de la femme. Tous ses défauts d'ailleurs se corrigeaient à mesure que l'enfant avançait en âge ; et peu de mois après le voyage de la Trappe, M^me de Genlis déclarait que la susceptibilité et l'excès d'amour-propre du duc de Montpensier étaient les défauts du passé. Pour se dominer, il avait la foi, la pratique religieuse. Deux ans après, sa gouvernante devait dire : « La piété de M. de Montpensier est devenue un sentiment si tendre, si raisonné et si profond, que je n'en ai jamais vu de semblable dans un homme de son âge (3). »

(1) *Mémoires*, t. III.
(2) *Journal d'une gouvernante*, 2 mai 1789.
(3) *Journal d'une gouvernante*, 16 juillet 1789.

Le voyage de la Trappe va donner un aliment aux sentiments nobles et élevés du jeune prince chrétien. Parlant peu, il possède le talent si rare de savoir écouter. Il sait aussi traduire ses impressions dans un style encore enfantin, mais sobre et pur. Il ne perdra donc rien de ces impressions et ne nous en fera rien perdre non plus.

## III

SUR LA ROUTE DE LA TRAPPE. — VERSAILLES. — LES DEMOISELLES DE SAINT-CYR. — LES TABLEAUX DE LA SURINTENDANCE. — TRIANON.

La petite caravane est partie de Saint-Leu, résidence d'été spécialement achetée par le duc d'Orléans pour l'éducation de ses enfants (1). Dans ce voyage comme en d'autres, M<sup>me</sup> de Genlis a sans doute emmené les compagnons d'études qu'elle a donnés aux princes et à leur sœur : son neveu César de Crest ; sa nièce Henriette de Sercey ; Paméla, cette mystérieuse petite Anglaise qui devint lady Fitz-Gerald.

M. Myris est du voyage ; et M. Alyon, bien qu'il ne soit pas nommé, ne saurait manquer à cette excursion.

Versailles est la première étape de la route. Nos jeunes princes passent devant cette admirable façade qui développe sur la terrasse les lignes dont l'uniforme majesté contraste avec l'irrégulière architecture de la grande cour. Mais le duc de Montpensier, si attentif aux beautés de l'art, ne s'arrête ni à la façade de Mansard ni au parc de Le Nôtre avec ses majestueuses allées, ses bosquets remplis d'une mystérieuse poésie, ses bassins aux eaux jaillissantes, ses statues où les Girardon, les Coustou, les Coysevox, ont amené les dieux de l'Olympe aux pieds de Louis XIV. Tous ces spectacles sont sans doute

(1) Saint-Leu-Taverny. C'est ce château qui fut embelli par la reine Hortense et lui donna son nom d'exil. En hiver, M<sup>me</sup> de Genlis demeurait avec M<sup>me</sup> Adélaïde au couvent de Bellechasse, dans un pavillon bâti pour elle. Les jeunes princes y passaient la plus grande partie de la journée, mais ils couchaient au Palais-Royal.

trop familiers au jeune prince pour qu'il les décrive ici. Il commence son journal par le récit de la visite faite à Saint-Cyr, le jour même de l'arrivée à Versailles. Laissons-lui maintenant la parole.

« *Ce 3 Juin, de Versailles.*

« Nous sommes partis de Saint-Leu à midi et arrivés ici à 2 heures et demie. Après nous être occupés quelque temps, nous avons été à Saint-Cyr. Il y a deux cent cinquante demoiselles et quarante-huit religieuses. On distingue entre les demoiselles quatre classes. La première, qui est la plus avancée, se nomme la bleue, parce que toutes ont un ruban bleu, la seconde la jaune, la troisième la verte et la quatrième la rouge. Quand, après avoir passé dans ces quatre classes, elles restent encore dans la maison, elles ont pour marque de distinction un ruban noir et aident les maîtresses de classes à montrer aux demoiselles. Si elles veulent s'en aller, on leur donne 1,000 écus en partant. Nous avons été à l'infirmerie, où tous les lits sont de toile blanche et très propres. De là nous avons été à la lingerie, où tout est rangé avec un ordre parfait, et à l'apothicairerie. Ensuite nous avons été au chœur, où nous avons entendu un *Domine salvum* chanté par toutes les demoiselles ; toutes ces voix réunies, leur jeunesse, l'air de décence et de piété qu'elles avoient, rendoient cette cérémonie infiniment touchante. En comptant tous les gens subalternes, ils sont en tout quatre cents dans cette maison. Le tableau du maître-autel est de Jouvenet ; le tombeau de M^me de Maintenon est dans le chœur (1). Cette maison, qui est belle et simple, a été bâtie par Mansard. De là nous avons été à Montreuil, maison de Madame, le jardin est assez joli ainsi que la salle à manger. Ensuite nous avons été au jardin de M. le Monier, médecin de Monsieur. C'est un jardin de plantes ; il y en a beaucoup d'assez rares, telles que des *rhododendron*, des *culmia*, des *spirea trifolia*, et un arbre qui se nomme le *jem-rosa*, dont la fleur est jolie et singulière. Les étamines, qui sont jaunes, sont

_______________

(1) « L'épitaphe est de l'abbé de Vertot. » Note du duc de Montpensier.

si longues et en si grande quantité, qu'elles couvrent les
pétales, qui sont aussi jaunes ; le fruit, qui est très dur, est de
la même couleur que la fleur. De là nous sommes retournés à
Versailles. »

A cette description de la jamrose, la belle fleur des tro-
piques, on reconnaît l'élève de M. Alyon.

La journée du lendemain est consacrée en partie à la surintendance de Versailles. C'est là que se trouvait le cabinet de
tableaux du Roi avant que la Révolution eût donné au Louvre
cette merveilleuse collection. Aujourd'hui le palais de Versailles
est encore un musée, mais un musée d'histoire. Et à ce sujet
un singulier rapprochement nous frappe. Le peintre Myris,
guide artistique des jeunes princes, jeune Polonais arraché à la
misère par M<sup>me</sup> de Genlis, avait exécuté d'après ses instructions
une suite de petits tableaux historiques reproduisant les plus
beaux traits de l'histoire grecque et de l'histoire romaine. Cette
collection, qui avait d'abord servi à compléter l'instruction de
la duchesse d'Orléans, avait depuis figuré parmi les matériaux
de l'éducation des princes. D'autre part, M<sup>me</sup> de Genlis avait fait
représenter à Bellechasse toute la suite des rois de France et
les principaux événements de l'histoire. Ces peintures n'ont certainement pas été étrangères à la pensée qui a fait créer au roi
Louis-Philippe le musée historique de Versailles.

Mais suivons notre jeune prince artiste dans le cabinet du Roi.


« *Ce 4 Juin, de Versailles.*


« Nous avons été, ce matin, à la surintendance ; nous y
avons remarqué quatre tableaux du Poussin : un représentant
*Moïse sauvé des eaux,* l'autre la *Femme adultère,* le troisième
*Ananie et Saphire,* et le quatrième *Rébecca recevant les présents
d'Isaac ;* deux *Saintes Familles* de Raphaël, l'une grande et
l'autre beaucoup plus petite. Un *Saint Michel* du même maître ;
deux tableaux du Guide, l'un représente *le Centaure Nessus
enlevant Déjanire,* et l'autre *Hercule combattant l'hydre de
Lerne.* Un autre du même maître représentant *la Peinture et
le Dessin,* une *Famille de Darius* de Lebrun. Deux têtes d'Ol-
bens (Holbein), l'une représentant *Thomas Morus,* et l'autre

*Érasme.* Les deux *Saintes Familles* de Raphaël sont charmantes, et surtout la petite. M. Myris trouve les trois tableaux du Guide d'un très beau ton ; la tête de Déjanire ressemble beaucoup à M*** Paméla. M. Myris trouve aussi les figures de la *Famille de Darius* un peu lourdes. La tristesse est empreinte sur le visage de *Thomas Morus,* qui a l'air fort ressemblant. Nous avons aussi été voir la galerie, qui est superbe. Il y a chez le Roi plusieurs gouaches de Blackenberg (Van Blarenberghe), qui sont faites avec beaucoup de propreté et de précision (1). »

Comme nous le disions tout à l'heure, les tableaux de la surintendance sont maintenant au Louvre. La manière dont le duc de Montpensier les distingue fait honneur au goût du jeune artiste et à l'enseignement du maître. L'art français, avec le Poussin, est cité par lui en première ligne. On éprouve une joie patriotique à entendre un jeune prince français donner cette place au grand artiste qui sut unir la grâce à la force dans l'expression de la vie humaine et associer à cette même vie la sereine harmonie de ses paysages.

Le duc de Montpensier admire la radieuse beauté de Raphaël dans la *Sainte Famille,* dans le *Saint Michel,* l'archange de lumière terrassant le démon. Par une heureuse opposition, il nomme en même temps Lebrun et Guido Reni, comme si la lourdeur de certaines figures exécutées par le pompeux décorateur de Versailles devait mieux faire ressortir la grâce du peintre bolonais. Notre jeune prince se plaît à constater la ressemblance de Paméla avec la Déjanire du Guide. Il remarque en un genre très différent l'austérité qu'Holbein a traduite dans le portrait de Thomas Morus, le grand chancelier d'Angleterre qui fut un des martyrs de la foi romaine, et ce portrait est si vivant, si personnel, qu'il lui paraît « ressemblant ». Il nomme aussi l'*Érasme* d'Holbein. Pour introduire le peintre auprès de Thomas Morus, Érasme, après lui avoir fait faire son portrait, le chargea de porter cette œuvre au grand chancelier d'Angleterre qui, à son tour, se fit peindre par le célèbre artiste. Douloureuse coïncidence ! le portrait d'Érasme avait

---

(1) On les voit aujourd'hui encore dans le salon de l'Abondance et la pièce qui suit.

été envoyé à Louis XIII par le roi Charles Ier, dont il porte le chiffre. Moins de cinq ans après que les petits-fils d'Henri IV voyaient à Versailles le tableau qui rappelait le souvenir du roi décapité, la tête du roi de France allait rouler sur l'échafaud...

Les jeunes princes ont consacré la matinée à la surintendance. Le reste du jour se passera sous les riants ombrages du Trianon et de Lucienne.

« Nous avons été cette après-dînée à Trianon. Le jardin est charmant, toutes les fabriques sont jolies, mais il y en a un peu trop. Il y a dans un temple un Amour formant un arc de la massue d'Hercule. De là nous avons été à Lucienne, maison de Mme du Barry. Le jardin est singulier et très joli. On découvre, d'un pavillon qui est au fond du jardin, une vue superbe. »

Le lendemain les voyageurs étaient à Mortagne.


## IV


MORTAGNE. — LE VAL-DIEU CHARTREUSE. — LA TRAPPE. — COMMENT Mme DE GENLIS OBTIENT POUR Y ENTRER LE PRIVILÈGE DES PRINCESSES DU SANG. — LE P. THÉODORE. — LE *Salve Regina*. — LE DUC DE SAINT-SIMON ET LE PORTRAIT DE L'ABBÉ DE RANCÉ. — *Un certain M. de Saint-Simon.*


*« De Mortagne, ce 5 Juin.*

« Nous sommes partis de Versailles à 9 heures et demie et arrivés ici à 6 heures. Nous avons parcouru ce soir toute la ville, qui est affreuse. On nous a fait remarquer un vieux puits abominable, comme étant un des plus beaux morceaux de la ville. Nous sommes ici dans une très mauvaise auberge. Cependant les lits et les draps sont propres. Nous irons demain au Val-Dieu Chartreuse, qui n'est qu'à quelques lieues de la Trappe, et qui, à ce qu'on dit, mérite d'être vu. Les villes par lesquelles nous sommes passés pour venir ici sont : Houdan, Dreux et Verneuil. »

Dans cette même soirée, M^me de Genlis commençait son propre journal de voyage, si curieux à rapprocher de celui de son élève. Elle écrivait donc de son côté :

« *Ce 5 Juin 1788, de Mortagne.*

« Je suis charmée des princes. Dès que nous avons un moment, ils s'occupent : ils lisent, dessinent, écrivent, et sont d'ailleurs très aimables. »

Le lendemain, 6 juin, les voyageurs commencent leur journée à la Chartreuse du Val-Dieu, pour l'achever chez les Pères de la Trappe.

« *De la Trappe, le 6 Juin.*

« Nous sommes partis de Mortagne à 10 heures et arrivés au Val-Dieu à midi et demi, écrit le duc de Montpensier. Les religieux nous ont reçus à merveille, ils nous ont montré l'église, le tableau du maître-autel est de Champagne. Il y en a un autre de Retout (Restout). La boiserie du chœur est très belle. Ensuite ils nous ont montré la bibliothèque, qui est belle et très bien entretenue. Ils nous ont montré aussi l'appartement du prieur. Tout le jardin, à ce que nous a dit mon amie, ressemble à un jardin hollandais ; tout ce que j'en puis juger par moi-même, c'est qu'il est charmant. Ils sont quatorze, y compris les novices. Ils se couchent à 5 heures du soir et se relèvent à 10. Après cela, ils nous ont donné un très bon dîner. Ils nous ont donné aussi des chapelets, des petits balais et une petite lanterne. Après dîner, nous avons été vers l'apothicairerie, fait quelque temps la conversation, et nous sommes partis, après leur avoir fait beaucoup de remerciements. »

Enfin, le grand but du voyage est atteint dans la soirée. Voici le désert de la Trappe.

« Nous sommes arrivés ici à 6 heures. On a fait quelques difficultés pour savoir si mon amie entreroit. Enfin on a décidé que oui. »

Mais il ne fallut rien moins pour cela qu'une réunion du chapitre, comme nous l'apprend M^me de Genlis. « Les princesses du sang avaient seules le privilège d'entrer à l'intérieur du monastère, et il n'y avait pas d'exemple qu'une autre femme y eût été admise. J'eus la prétention d'y entrer, et j'y réussis. Je représentai qu'une gouvernante étoit inséparable de son élève, à moins qu'elle ne la remît à sa mère ; mais que, me trouvant seule avec Mademoiselle, refuser de me laisser entrer avec elle, c'étoit la refuser elle-même, puisque je ne pouvois m'en séparer. On assembla le chapitre pour délibérer sur cette question, et le résultat fut tel que je le désirois. On me laissa entrer avec ma jeune princesse, et de ce moment on me traita avec la plus grande obligeance (1). »

Mais n'abandonnons point notre jeune narrateur.

« En arrivant, le Père Abbé et le P. Théodore, ancien Abbé au souvenir duquel maman nous avoit chargé de la rappeler, sont venus au-devant de nous. Le P. Théodore, quoique âgé de quatre-vingts ans, a une charmante conversation et beaucoup d'esprit. »

C'était le P. Théodore Chambon, comme nous l'apprend l'historien de la Trappe. Mᵐᵉ de Genlis fut, elle aussi, ravie de la spirituelle causerie du Père, qui avait vécu autrefois dans le monde et qui lui récita avec une merveilleuse mémoire des passages de La Bruyère. Elle admirait la vigueur physique de l'octogénaire, sa belle physionomie, la fraîcheur de son teint. Et depuis cinquante ans il pratiquait les rigoureuses austérités de la Trappe ! Mais la mort approchait. Il mourut en cette même année 1788. Il avait écrit plusieurs ouvrages d'ordre monastique, qui ne furent point publiés.

L'abbé qui lui avait succédé, le P. Pierre Olivier, devait être le dernier abbé de la Grande Trappe avant la Révolution. Il expira le 7 février 1790. Six jours après, l'Assemblée constituante interdisait les vœux ecclésiastiques (2).

Le duc de Montpensier ne nous dit rien de la lecture qui se faisait dans un cloître et à laquelle les voyageurs assistèrent en arrivant. Mᵐᵉ de Genlis en a retenu ce passage qui résume tout l'esprit de la Trappe : « Fuyez loin de nous, vaines et trompeuses

<hr>

(1) *Mémoires*, t. III.
(2) M. GAILLARDIN, *Histoire de la Trappe.*

voluptés, c'est ici qu'on vous méprise et qu'on vous oublie. »
C'étaient là de bien graves enseignements pour un enfant de treize
ans. Pour lui, la première impression est celle de l'office du
soir, si grand et si beau.

« Avant d'entrer dans l'église, dit-il, les deux religieux qui
nous conduisoient se sont prosternés devant en disant : *Benedi-
cite*. Après quoi nous avons entendu le *Salve* qui nous a extrê-
mement touchés. »

A la Trappe seulement, ainsi que dans les monastères béné-
dictins, on entend, dans la majesté et la simplicité du chant
grégorien, les strophes sublimes de ce *Salve Regina*, ce cri de
triomphe qui célèbre la gloire de la Reine du ciel, de la protec-
trice spéciale de la Trappe, — mais aussi ce gémissement, cette
supplication de l'homme qui lutte, qui souffre et qui a besoin
d'une mère !

Le duc de Montpensier était bien jeune pour comprendre ces
mystères faits de gloire et de douleur. Mais son cœur religieux
et tendre pouvait les pressentir, et le vif sentiment qu'il avait du
beau devait rencontrer une exquise jouissance dans cette audi-
tion. Nul n'a pu, sans une émotion profonde, être témoin de ce
spectacle : ces religieux vêtus de blanc, tous debout pour saluer
et acclamer leur Reine, et, à la dernière note de l'antienne
sacrée, tombant à genoux, dans le recueillement d'une muette
prière.

Les religieux quittèrent l'église pour monter dans leur dor-
toir. Au bas du grand escalier, l'Abbé, tenant un rameau à la
main, bénissait chacun des religieux qui défilaient devant lui
en s'inclinant.

M^me de Genlis et ses élèves soupèrent au salon, et jusqu'à
10 heures restèrent avec les Pères, sans doute l'ancien et le
nouvel abbé du monastère. Dans une pièce voisine se trouvait
le beau portrait du réformateur, l'abbé de Rancé. Ce tableau
attire vivement l'attention du jeune narrateur.

« Nous avons vu le portrait de M. de Rancé, qui ressemble
à M. de Sillery. » Le marquis de Sillery était le mari de
M^me de Genlis, qui portait dès lors ce nom, comme nous l'avons
dit. Elle aussi remarque la ressemblance, mais elle ajoute mali-
cieusement que M. de Sillery n'avait pas la pâleur de l'ascète.

Ce qui a surtout frappé le jeune prince, c'est ce qui lui a été dit sur le moyen à l'aide duquel on aurait obtenu ce portrait à l'insu du modèle.

« Un certain M. de Saint-Simon »... dit-il. Un certain M. de Saint-Simon ! O mânes du grand Saint-Simon, du plus fier des ducs et pairs ! n'avez-vous pas tressailli en entendant un petit-fils de Henri IV citer avec la plus candide ignorance le nom dont vous étiez si glorieux ! Cette humiliation posthume vous venait de cette Trappe que vous aimiez, où vous alliez vous réfugier quelquefois dans vos déceptions, mais qui, tout en vous parlant du néant des grandeurs humaines, ne dut jamais de votre vivant vous infliger une pénitence aussi sensible que celle qu'elle vous réservait après votre mort !

Pour excuser M<sup>me</sup> de Genlis de l'ignorance où elle avait laissé ici son élève, hâtons-nous de dire que les *Mémoires* du duc de Saint-Simon ne commencèrent à être publiés, et en partie seulement, que dans cette même année 1788, et rendons la parole à notre jeune et consciencieux narrateur.

« Un certain M. de Saint-Simon, connaissant M. de Rancé, amena un jour à la Trappe Rigaud, comme un de ses amis qui vouloit voir la maison. Il demanda à M. de Rancé la permission de l'introduire chez lui, ce qui fut accordé. Sous prétexte d'avoir des vapeurs, Rigaud sortoit à chaque instant et faisoit son portrait, qui fut achevé de cette manière, et que M. de Saint-Simon donna à la Trappe. »

Dans ses *Mémoires,* le duc de Saint-Simon parle de ce beau portrait qui fut fait dans des circonstances un peu différentes de celles qui avaient été rapportées aux jeunes princes. Saint-Simon avait présenté Rigaud à l'abbé de Rancé comme un officier de ses amis qui désirait vivement le connaître, mais qui, affligé de bégayement, ne pourrait guère lui parler que des yeux. Il obtint trois séances que le peintre sut mettre à profit, non sans que l'abbé de Rancé finît par s'impatienter d'être ainsi regardé par une espèce de muet. Ces séances produisirent le chef-d'œuvre que Saint-Simon a décrit dans son grand style pittoresque. « La ressemblance dans la dernière exactitude, la douceur, la sérénité de son visage, le feu noble, vif, perçant de ses yeux, si difficile à rendre, la finesse et tout l'esprit et le grand qu'exprimoit sa physionomie, cette candeur, cette sagesse, paix intérieure d'un homme qui possède son âme, tout étoit rendu, jusqu'aux grâces qui n'avoient point quitté ce visage exténué par la pénitence, l'âge et les souffrances. »

Lorsque l'abbé de Rancé apprit comment son portrait lui avait été dérobé, il en fut profondément affligé. « Toutefois, dit Saint-Simon, il ne put me garder sa colère ; il me récrivit que je n'ignorois pas qu'un empereur romain disoit qu'il aimoit la trahison, mais qu'il haïssoit les traîtres ; que pour lui il pensoit tout autrement, qu'il aimoit le traître, mais qu'il ne pouvoit que haïr sa trahison. (1) »

Le duc de Saint-Simon donna à la Trappe la copie du portrait qu'il avait fait faire pour lui, mais elle était aussi de la main de Rigaud, et c'est cette copie qu'admirèrent le duc de Montpensier et M<sup>me</sup> de Genlis.


## V


LES AUSTÉRITÉS DE LA TRAPPE. — UNE MÈRE ET LE BONHEUR D'UN FILS.
CHARITÉ DES PÈRES. — LEUR APOLOGIE.


A 10 heures, les voyageurs se retirèrent après une longue causerie avec leurs vénérés hôtes. Ils devaient être fatigués. M<sup>me</sup> de Genlis se borne donc à un journal succinct. Elle s'arrête après avoir parlé du beau portrait de l'abbé de Rancé. Le jeune prince a daté son assez long journal de la même soirée, mais il est évident qu'il l'avait arrêté au même point que sa gouvernante et qu'il l'a achevé le lendemain en oubliant de le dater. Immédiatement après avoir parlé du chef-d'œuvre de Rigaud, il ajoute : « Nous avons vu aussi le tombeau de M. de Rancé, qui est dans une petite chapelle au milieu du cimetière. » Cette visite n'eut lieu que le lendemain, après le repas

_________

(1) SAINT-SIMON, *Mémoires*, ch. XXIV, 1696. Nous avons rétabli le texte qui, par une inadvertance de plume dans le manuscrit des *Mémoires*, présente ici un contresens.

des Pères, comme le dit M<sup>me</sup> de Genlis, et son journal du 7 concorde parfaitement avec le reste de la narration du jeune prince.

Les Pères, dans leurs conversations avec leurs visiteurs, avaient dépouillé l'appareil légendaire que leur a donné l'imagination du peuple. Le duc de Montpensier a noté ce détail.

« Toutes les histoires du *comte de Comminges*, des cœurs à pointe de fer qu'on prétendoit qu'avoient les religieux, des tombeaux qu'ils creusoient eux-mêmes, de la montagne qu'ils faisoient et défaisoient, du livre des sentences et des devises, où chaque étranger écrivoit la sienne, tout cela est absolument faux ; ce qui peut avoir donné origine aux ceintures et aux cœurs à pointe de fer, est qu'un certain P. Moïse, ayant mené une vie scandaleuse dans le monde, après s'être fait Père de la Trappe, s'imposa des pénitences beaucoup plus sévères que les autres et à peu près semblables à celles dont je viens de parler. Mais ces exemples sont très rares. »

M<sup>me</sup> de Genlis nous dit les vraies et rudes pénitences des Pères. Elle nous fait assister à ce repas servi sur des assiettes d'étain, avec des couverts de buis, et dont le menu est si maigre pour les rudes travailleurs de la terre : une écuelle de soupe, un plat de légumes, sans assaisonnement de beurre, ni d'huile même, sinon pour la salade ; deux ou trois pommes crues, un gros morceau de pain, de l'eau et de la bière. Elle nous montre la paillasse sur laquelle ils couchent tout habillés jusqu'au jour où, aux approches de l'agonie, on transporte le religieux à l'église pour y recevoir l'extrême-onction et où on ne le reporte sur son grabat que pour le mettre au dernier moment sur la croix de cendre qui doit être le lit de mort du trappiste. Appelée par la cloche, la communauté entoure l'agonisant qui ne voit dans ce lugubre appareil que la joie divine du départ pour le ciel.

Le duc de Montpensier ne note pas ces détails. Mais il en est un qui l'a frappé : « Voici maintenant ce que nous tenons de la bouche du Père abbé et qui, par conséquent, est très authentique. Si un des Pères se sentoit plus d'inclinations pour un de ses confrères que pour un autre, il est obligé de n'en rien témoigner, et si l'autre s'en aperçoit, il est obligé de le déclarer

au chapitre. Alors on impose une pénitence à celui qui a trop
fait connoître ses sentiments, innocent ou non, et s'il disoit la
moindre parole pour s'excuser, tous ses confrères se proster-
neroient à terre pour demander à Dieu l'expiation de son
orgueil. » — « Pour demander pardon à Dieu de son orgueil, »
écrit avec plus de précision M<sup>me</sup> de Genlis, qui ajoute que le
silence est prescrit au trappiste pour tous les genres d'accusation. Mais il n'arrivait guère que ses frères eussent à s'humi-
lier pour lui ; les novices et les nouveaux profès seuls don-
naient lieu à cette scène, « et encore bien rarement ».

L'amitié sainte considérée elle-même comme une faute, —
et dans la vie de communauté, mais là seulement, c'en est une,
en effet, que ces prédilections qui blessent la charité due à
tous — la protestation de l'innocence regardée comme un péché
contre l'humilité, ah ! ce sont là pour la nature si tendre et si
fière de notre jeune prince les plus héroïques pénitences de la
Trappe, ce sont du moins presque les seules dont il ait parlé.

Sur ces derniers points de la règle, M<sup>me</sup> de Genlis avait eu
une intéressante conversation avec le frère Prosper, jeune
religieux de vingt-huit ans : « Ce frère Prosper, dit-elle, a une
physionomie charmante, de l'esprit et une candeur remar-
quable. Je l'ai prié de me dire naturellement si, parmi les
Frères, il n'en connoissoit pas un au fond de son cœur qui eût
plus d'amitié pour lui que les autres. » — « Un seul ? m'a-t-il
répondu, non, en vérité, j'en pourrois nommer plus de douze
qu'un seul. » — « Cette réponse est jolie et prouve quelle tendre
union règne entre eux. Au reste, il m'a assuré que ses remar-
ques sur cette douzaine ne méritoient pas d'accusation, parce
qu'elles n'avoient pour objet que des premiers mouvements
absolument involontaires. » — « Par exemple, a-t-il dit, nous
connoissons ceux qui nous aiment le mieux à mille petites
choses purement machinales ; dans nos travaux nous devons
tous nous secourir avez zèle ; si l'un de nous est trop chargé,
s'il tombe, etc., nous devons voler à son secours ; mais, dans
ce cas, il y a toujours douze ou quinze religieux qui courent
avec plus de promptitude, et l'on connoît dans ces occasions
qui se répètent souvent ceux qui nous aiment le mieux. Mais
Dieu ne condamne pas ces inclinations naturelles, il ne désap-

prouve pas que nous aimions davantage au fond du cœur ceux qui nous paroissent les plus vertueux, pourvu que nous ne le témoignions pas de manière à blesser les autres, en montrant de la préférence, une estime particulière, qui seroient des fautes graves contre la charité générale et qui altéreroient cette union universelle qui doit exister entre nous. » Celui qui parlait ainsi devait être, dans la prochaine tourmente révolutionnaire, l'un des vingt-quatre généreux confesseurs de la foi qui, à travers mille périls, allèrent s'établir à la Val-Sainte de Fribourg.

Le trappiste que les mortifications surhumaines de la règle auraient lassé n'étoit pas prisonnier : les travaux des champs lui auraient permis de s'enfuir. Le duc de Montpensier nous dit : « Si un religieux, après avoir fait ses vœux, vouloit s'en aller, on lui laisseroit la liberté de sortir du couvent, comme manquant aux vœux qu'il avoit contractés, et par conséquent indigne de rester dans cette maison ; mais si, au bout de quelque temps, il vouloit rentrer, on le mettroit en prison au pain et à l'eau pour autant qu'il est resté absent ; et, après ce temps écoulé, il rentreroit dans la maison comme auparavant. » Mais, devant un sincère repentir, la pénitence ne dépassoit pas un an, — l'absence eût-elle duré dix ans, — dit M<sup>me</sup> de Genlis.

« On ne peut les recevoir qu'à vingt ans, continue le duc de Montpensier. Il s'en est présenté un hier qu'on a refusé, parce qu'il n'en avoit que dix-neuf. »

En effet, ce n'étaient pas seulement les âmes pénitentes qui venaient expier à la Trappe les égarements du passé, c'étaient aussi les âmes pures que nulle souillure n'avait atteintes et qu'attirait l'héroïque sacrifice de soi-même à Jésus crucifié. En vain les Pères faisaient-ils tous leurs efforts pour les effrayer à l'avance sur la vie qui les attendait, ils persévéraient.

Le P. Théodore racontait à M<sup>me</sup> de Genlis qu'un jeune homme de bonne famille, riche, beau, fils unique d'une mère qui l'aimait tendrement, eut cette vocation, et, avec le consentement maternel, entra au noviciat. Mais l'année du noviciat n'était pas encore révolue que la mère venait supplier son fils de revenir auprès d'elle. Longtemps elle parla, invoquant surtout ici le bonheur de ce fils. « Ce dernier l'écoutoit en silence sans l'interrompre ; et ,quand elle eut fini de parler : « Ma mère, lui dit-il, daignerez-vous répondre à une question que j'oserai vous faire ? Supposons que je vous eusse quittée pour aller m'établir loin de vous dans un pays étranger où il vous seroit impossible de venir, supposons que j'y eusse fait une grande fortune, que j'y eusse acquis de grands établissemens et des dignités éclatantes, et qu'il ne me fût plus permis de retourner vers vous qu'en renonçant à tous ces avantages, exigeriez-vous de moi ce sacrifice ? — Non, certainement, s'écria sa mère, je ne veux que votre bonheur. — Eh bien, ma mère, reprit le fils, je suis cet homme heureux, ou, pour mieux dire, je suis mille fois plus heureux que ne peuvent le rendre tous les honneurs et toutes les richesses de l'univers, et enfin mon bonheur est d'autant plus grand que l'inconstance de la fortune ne sauroit me le ravir, et que la mort, loin d'en être le terme, doit le rendre suprême et l'assurer éternellement ; voyez donc l'étendue du sacrifice que vous me demandez ! » — A ces mots, la mère se leva, embrassa son fils en pleurant et partit. »

Le jeune duc de Montpensier, si bon, si charitable, n'a garde d'oublier les hospitalières habitudes des Trappistes : « Quand les étrangers viennent, dit-il, ils les logent et les nourrissent, et quand il n'y a pas assez de place pour eux, ils payent leur logement et leur nourriture à l'auberge. » De touchants détails nous sont donnés à ce sujet par Mᵐᵉ de Genlis. Leurs hôtes tombent-ils malades ? les Pères les soignent, les pansent. Ils donnent de l'argent à ceux qui en manquent pour continuer leur route. Il y a souvent des soldats parmi ces pauvres passants. « En outre, ils secourent et soignent tous les pauvres des environs à plusieurs lieues à la ronde. J'ai questionné beaucoup de paysans, qui m'ont parlé d'eux avec le respect et la vénération qu'on auroit pour des anges qui daigneroient se manifester à nous. Quels sont les particuliers qui, avec les mêmes revenus, pourroient faire autant de bien et par leurs exemples et par leurs charités ? Où trouvera-t-on de telles vertus, si la religion ne les inspire ? »

Si grandes étaient la vénération et la reconnaissance qu'ils inspiraient à leurs hôtes, que ceux-ci fixaient plus d'une fois leur vie au milieu d'eux. Depuis plusieurs années, un jeune et habile chirurgien demeurait avec eux, partageant leur régime, soignant leurs pauvres, — fallût-il pour cela faire dix ou douze lieues à pied, — et trouvant dans cette vie de prière, de mortification et de charité un si complet bonheur, qu'il ne l'eût pas échangé « contre toutes les fortunes du monde », suivant l'expression rapportée par M<sup>me</sup> de Genlis.

« Ils sont en tout cent seize, dit le jeune prince : soixante religieux de chœur, quarante frères convers, dix frères donnés, cinq novices et un postulant. Parmi les soixante religieux, il y en a dix-huit prêtres et quarante-deux qui ne le sont pas. »

Alors surtout, le pays où est située la Trappe avait l'austère aspect qu'il garde encore de nos jours. « La Trappe est située dans un fond, tous les environs sont fort sauvages. Les chemins pour y parvenir sont tous de traverse et très mauvais, » dit le duc de Montpensier. Aujourd'hui, la route est plus abordable, grâce à la ligne de chemin de fer que les Pères ont créée et que M<sup>gr</sup> l'évêque de Séez a bénite en même temps que la nouvelle église. Ce sont ces fêtes qui viennent d'attirer de si grandes foules au monastère, et, à cette occasion, les plus humbles femmes ont participé au privilège des princesses du sang... et de M<sup>me</sup> de Genlis.

Rude est le sol que fécondent les travaux des Pères. « Le terrain est mauvais, dit le jeune prince, ce qui fait que les fruits et les légumes y viennent très difficilement. Il y a beaucoup de plantes. »

Le duc de Montpensier résume en quelques lignes l'impression que lui a laissée cette visite :

« Nous sommes partis de la Trappe touchés et pénétrés d'admiration d'avoir vu tant de vertus réunies, la piété : la concorde, l'hospitalité, la simplicité, l'obéissance, la frugalité et l'humilité. »

Quant à M<sup>me</sup> de Genlis, l'admiration qu'elle éprouve devant « tant de vertus réunies » lui inspire des pages d'une véritable éloquence pour défendre les saints religieux contre les mondains qui disent que ce sont des fous !

A quoi bon toutes ces austérités ? demandent-ils. Mais pourquoi admirent-ils chez les disciples de Pythagore ce qu'ils méprisent chez les disciples du Christ ? Pourquoi dénient-ils aux chrétiens la justice qu'ils ne refusent pas aux païens, qui cependant mêlaient des faiblesses à leurs vertus? A quoi bon tant de privations? Mais à nourrir les pauvres! A quoi bon labourer la terre? Mais à donner l'exemple du travail! A quoi bon tant d'heures dans une église? Mais alors pourquoi tant d'heures passées à Versailles dans le mortel ennui de l'Œil-de-bœuf, pour obtenir les instables faveurs du Roi? Eux, ils sont heureux, ils attendent les biens éternels, et ceux-là ne leur manqueront pas.

« Pour nous, mes enfants, conclut la gouvernante, puissent notre respect et notre amour pour les religieux s'accroître encore par le souvenir de tout ce que nous venons de voir et d'entendre (1). »


## VI


LE RETOUR. — LE CHATEAU DE NAVARRE. — L'ÉPÉE DE TURENNE.
POISSY ET LE SOUVENIR DE SAINT LOUIS.


La petite caravane princière est allée de Saint-Leu à Mortagne par le sud-ouest en passant par Versailles, Houdan, Dreux et Verneuil. Elle revient à Saint-Leu par Conches, Navarre, Évreux, Pacy, Mantes, Poissy, Saint-Germain, Nanterre et Saint-Denis.

Mᵐᵉ de Genlis avait l'habitude d'initier ses élèves aux travaux des manufactures. Le duc de Montpensier n'a garde d'oublier les industries propres aux pays qu'il traverse :

         *« Ce 9 Juin, de Conches.*

« Partis de la Trappe à 2 heures et demie et arrivés ici à 10 heures, nous ne devions coucher qu'à Évreux, mais comme il étoit tard et que nous avions encore 4 lieues de mauvais chemin à faire avant que d'y arriver, nous avons préféré rester

______
(1) *Journal d'une gouvernante.* De Conches, le 7, à 10 heures du soir.

ici. D'ailleurs, l'auberge est assez bonne. Nous avons passé à Rue, d'où on tire l'ocre de Rue, nous n'en pouvons douter, car nous avons vu un grand nombre de chevaux et d'ânes qui en étoient chargés. Nous avons passé aussi à Laigle, où il y a une manufacture d'épingles blanches. La différence entre la manière de faire les blanches est qu'on aiguise les blanches sur une petite glace afin que la poudre ne leur saute pas dans les yeux. »

Dans le voisinage de Conches, les voyageurs visitent le château de Navarre, ou plutôt les admirables jardins que sillonnent les eaux courantes et que ceint une couronne de forêts. Ainsi que M<sup>me</sup> de Genlis, le duc de Montpensier est ravi de cette promenade.

« *De Saint-Leu, le 8 Juin.*

« Nous sommes partis de Conches le matin, à 10 heures, après avoir entendu la messe. Nous nous sommes arrêtés à Navarre, terre de M. de Bouillon. On ne peut pas s'en figurer la beauté. Il y a des points de vue admirables, et ce qu'il y a de très singulier, c'est que les eaux y coulent de tous les sens. Il y a une fabrique qui, en dehors, représente une ruine et, en dedans, le temple de l'Amour, où toutes les colonnes sont de cristal violet, par lesquelles le jour passe à travers, ce qui produit un effet surprenant et en même temps charmant. Le meuble de ce temple est vilain, et la couleur ne se rapporte pas à celle des colonnes, ce qui va mal. Le rocher est affreux. Il est de la forme d'un pain de sucre et n'est pas naturel, parce qu'il est trop régulier. Il y a aussi quelques petites fabriques, qui sont de mauvais goût, tel que le tombeau de la Pie, cheval de M. de Turenne, et celui des amans malheureux. M. de Bouillon, qui y étoit, nous a montré lui-même son jardin anglais, ainsi que l'épée de M. de Turenne, qu'il porte tous les jours. Je crois que, pour la porter tous les jours, cette épée conviendroit mieux à un gagneur de batailles qu'à quelqu'un qui ne s'est jamais distingué dans la carrière militaire. » Dans ce trait caustique, le seul d'ailleurs qui se trouve dans le journal du duc de Montpensier, le jeune prince laisse échapper la verve moqueuse qu'il avait si bien contenue sur le chemin de la Trappe. M^me de Genlis, elle, se borne à nous dire qu'elle eût préféré au tombeau de la Pie un temple où l'épée de M. de Turenne eût été gardée.

Sans se douter assurément du peu de prestige que lui avait donné en cette rencontre l'épée du grand capitaine, le duc de Bouillon voulait retenir ses hôtes :

« Il nous a offert aussi à dîner, continue le duc de Montpensier, mais, comme nous étions très pressés d'arriver ici, nous l'avons refusé, et nous sommes partis enchantés de son jardin, qui a 2,000 arpents, ce qui fait à peu près une lieue de long sur une demie de large. De là nous avons été à Évreux, où, après avoir dîné, nous avons été voir la cathédrale, dont le dehors et le chœur sont très beaux ; le reste n'est pas d'une belle proportion. Ensuite nous sommes partis, et nous avons passé par Pacy, Mantes, et Poissi, où nous nous sommes arrêtés. »

Les descendants de saint Louis n'ont garde d'oublier leur aïeul dans sa ville natale.

« Il y a une abbaye de religieuses de Saint-Dominique ; l'église est très belle ; saint Louis est né à la place de l'autel extérieur, qui, dans ce temps-là, étoit l'appartement de la reine Blanche. La vie de Jésus-Christ est sculptée en ivoire sur l'autel de l'église intérieure ; cet ouvrage, qui est fort bien travaillé, a dû coûter un temps énorme. Elles sont trente-trois religieuses et douze sœurs converses. Nous avons vu aussi la salle où s'est tenu le colloque de Poissi, qui, à présent, sert de réfectoire aux religieuses. Cette salle, qui est d'une superbe proportion, n'est soutenue par aucun pilier ; la maison a été fondée par Philippe le Bel, en 1304 (1). Nous sommes partis de Poissy à 8 heures et arrivés à Saint-Leu à minuit, après avoir passé par Saint-Germain, Nanter (Nanterre) et Saint-Denis. »

Ils revenaient si charmés de leur excursion, qu'ils n'en avaient pas senti la fatigue.

---

(1) La Révolution a détruit cette belle abbaye. Il ne reste plus à Poissy d'autres souvenirs de saint Louis que les fonts baptismaux sur lesquels il a été baptisé.

# ÉPILOGUE

Cinq ans après : 1793. — 1807. Un tombeau de Westminster.

Cinq ans après, la petite colonie de Saint-Leu était, elle aussi, frappée par le régime de la Terreur. L'exil attendait le duc de Chartres, le duc de Montpensier, le comte de Beaujolais, M<sup>me</sup> Adélaïde, M<sup>me</sup> de Genlis. Pour le plus jeune des deux frères, cet exil devait être précédé d'une captivité de quarante-trois mois au fort Saint-Jean, à Marseille.

La main qui avait écrit l'aimable *Journal du voyage de la Trappe* devait retracer avec une force poignante les douleurs de cette longue captivité. Cette même main avait su cependant tenir l'épée aussi bien que la plume et le pinceau, et ne l'avait tirée qu'au service de la France. Avec le duc de Chartres, devenu alors le duc d'Orléans, le duc de Montpensier avait vaillamment combattu à Jemmapes et à Valmy.

Avec son frère le comte de Beaujolais, il ne quitta le fort Saint-Jean que pour le vaisseau qui conduisait les deux princes sur la terre d'exil, en Amérique, où ils retrouvèrent le duc d'Orléans. C'était en 1797. Trois ans après, les trois frères arrivaient en Angleterre.

Ainsi que le comte de Beaujolais, le duc de Montpensier ne devait plus revoir la France. Le 18 mai 1807, il mourut à Twickenham, où ses frères avaient fixé leur résidence et qui devait demeurer pour leur famille une étape de l'exil. Le duc de Montpensier n'avait pas trente-deux ans.

Le jeune prince fut transporté en la royale nécropole de Westminster, dans un mausolée que lui éleva la pieuse tendresse de son frère aîné, le futur roi Louis-Philippe qui, un demi-siècle après, venait comme lui mourir sur la terre anglaise.

L'épitaphe latine que le duc d'Orléans avait consacrée à son frère retrace éloquemment les vertus et les mérites du prince qui, « dès sa tendre jeunesse », fut « courageux dans les combats, invincible dans les fers, inébranlable dans l'adversité, modeste dans la prospérité », qui cultiva avec amour les « arts libéraux (1) », et fut pour tous ceux qui l'approchèrent plein d'urbanité, de dévouement et de générosité.

(1) Plusieurs tableaux du duc de Montpensier figuraient dans la collection du Palais-Royal. Au moment où nous allons publier ces lignes, une récente publication nous révèle dans ce prince, à côté du peintre que nous connaissions, le plus ancien de nos lithographes. Un an avant sa mort, il exécuta, d'après le procédé de Senefelder, un charmant portrait de sa sœur, M<sup>me</sup> Adélaïde.

La Chapelle-Montligeon. — Imprimerie de N.-D. Montligeon.